BEI GRIN MACHT SICH IHR WISSEN BEZAHLT

AF140769

- Wir veröffentlichen Ihre Hausarbeit, Bachelor- und Masterarbeit

- Ihr eigenes eBook und Buch - weltweit in allen wichtigen Shops

- Verdienen Sie an jedem Verkauf

Jetzt bei www.GRIN.com hochladen und kostenlos publizieren

Bibliografische Information der Deutschen Nationalbibliothek:

Die Deutsche Bibliothek verzeichnet diese Publikation in der Deutschen National-
bibliografie; detaillierte bibliografische Daten sind im Internet über http://dnb.d-
nb.de/ abrufbar.

Impressum:

Copyright © 2018 GRIN Verlag
Druck und Bindung: Books on Demand GmbH, Norderstedt Germany
ISBN: 9783668996670

Marie Erhardt

Handlungsoptionen im Kinder- und Jugendhilferecht. Über die Kooperation zwischen Familie und Jugendamt

GRIN Verlag

GRIN - Your knowledge has value

Der GRIN Verlag publiziert seit 1998 wissenschaftliche Arbeiten von Studenten, Hochschullehrern und anderen Akademikern als eBook und gedrucktes Buch. Die Verlagswebsite www.grin.com ist die ideale Plattform zur Veröffentlichung von Hausarbeiten, Abschlussarbeiten, wissenschaftlichen Aufsätzen, Dissertationen und Fachbüchern.

Besuchen Sie uns im Internet:

http://www.grin.com/

http://www.facebook.com/grincom

http://www.twitter.com/grin_com

Berufliche Oberschule Neu-Ulm

Staatliche Fachoberschule und Berufsoberschule

Seminararbeit

Handlungsoptionen im Kinder- und Jugendhilferecht – Kooperation

zwischen Familie und Jugendamt

von

Marie Erhardt

Inhaltsverzeichnis

1. Einleitung

Das Jugendamt bietet viele verschiedene Hilfeoptionen für alle Familien. Doch welche Art von Hilfen gibt es und wie werden diese umgesetzt?

Meine Familie hatte viel Kontakt zum Jugendamt, was dazu geführt hat, dass ich mich entschieden habe von den Ereignissen in unserer Familie zu berichten. Das betroffene Kind ist meine Schwester und aus datenschutzrechtlichen Gründen nenne ich sie in dieser schriftlichen Seminararbeit A.

Ich will in meiner Arbeit Aufgabenbereiche des Jugendamtes erklären und dann miteinander verbinden, indem der Praxisfall von A. Schritt für Schritt festgehalten wird. Zusätzlich möchte ich die emotionale Seite meiner Eltern aufgreifen und einen Einblick in das Erleben unserer Familie ermöglichen.

2. Leistungen und Hilfen des Jugendamtes

Viele Familien sind skeptisch und reagieren heute immer noch häufig mit Ablehnung und Unsicherheit, wenn sie einen Rat von der Schule oder dem Kindergarten bekommen, sich mit dem Jugendamt zu verbinden. Der Grund dafür ist die Unaufgeklärtheit über die Hilfen und Leistungen des Jugendamtes, denn 37% der Befragten aus der repräsentativen Forsa-Umfrage wussten gar nicht, welche Leistungen das Jugendamt anbietet. Es besteht immer noch das Vorurteil, dass Menschen glauben, die Jugendamtsmitarbeiter über die Familien entscheiden und dabei viel Macht ausüben, was definitiv falsch ist. Das Jugendamt steht den Bürgerinnen und Bürgern als Beratungs- und Unterstützungsangebot frei zur Verfügung und beschäftigt sich mit allen Anliegen und Fragen, die in die Kategorie Familie, Erziehung und Bildung fallen. Es ist die richtige Anlaufstelle für Kinder und Jugendliche, die in der Schule oder zuhause schwerwiegende Probleme haben und sich in Notsituationen befinden oder ein Rat brauchen.

Die Beschäftigten im Jugendamt müssen sich im Leistungsfall an die Gesetze halten, die die Grundlage ihrer Arbeit sind. Die Leistungen sind in den §§ 11-60 SGB VIII des Kinder- und Jugendhilfegesetzes bundesweit geregelt und detailreich aufgeschlüsselt.

Zum Beispiel werden aufgelistet: Hilfen zur Erziehung (z. B. Erziehungsberatung oder ambulante Familienhilfe), Jugendhilfeplanung (z. B. Erstellen von Statistiken über Bedarfe in der Kinder- und Jugendhilfe), Kinderschutz (z. B. Inobhutnahme von Kindern und Jugendlichen), Jugendschutz (z. B. Alterskontrollen auf Veranstaltungen), Hilfe für Jugendliche im Strafverfahren (z. B. Unterstützung im Gerichtsverfahren und bei der Einhaltung von Auflagen), Familien-, Trennungs-, Scheidungsberatung (z. B. Beratung und Regelung von Besuchskontakten und Umgängen) und viele weitere Themen.[1]

---

1 Vgl. https://www.familienhandbuch.de/unterstuetzungsangebote/beratung/DasJugendamt.php

2.1 Erziehungsberatung

Die Beratungsstellen helfen Kindern und Eltern bei der Klärung und Bewältigung spezifischer und familiärer Probleme. In einer Beratungsstelle arbeiten Fachkräfte mit unterschiedlichen Fachrichtungen zusammen, dazu gehören: Sozialarbeiter, Diplom-Psychologen, Ärzte, Psychotherapeuten, Heilpädagogen und Diplom-Pädagogen. Das Jugendamt übernimmt die Kosten, damit keiner aus finanziellen Gründen daran gehindert wird eine Beratungsstelle aufzusuchen. Nach § 5 SGB VIII haben Eltern das Wunsch- und Wahlrecht, sich eine Beratungsstelle selbst auszusuchen. Liegt eine Voraussetzung für die Hilfe zur Erziehung vor, so können Familien direkt über das Jugendamt zu einer Beratungsstelle gehen (§ 36a Abs. 2 SGB VIII). Es gibt Vereinbarungen zwischen der Beratungsstelle und dem Jugendamt, in welchen Kostenübernahme die Voraussetzungen und die Ausgestaltung der Beratung das Jugendamt regelt. Anlässe für eine Erziehungsberatung können z.b. sein: eine schwierige Familiensituation wie z.b. Konflikte mit den Eltern, Alkoholprobleme, Arbeitslosigkeit; Auffälligkeiten im Sozialverhalten (Aggressionen, Gehemmtheit, Isolation, Stehlen, Lügen, Drogenmissbrauch); emotionale Probleme des Kinder wie z.b. Ängste, Traurigkeit, Selbstmordgedanken, Zwangshandlungen, Selbstwertunsicherheit oder Erziehungsunsicherheiten der Eltern.

Die fundamentale Aufgabe der Familienberatung und Erziehungsberatung ist die Entwicklung der Kinder und Jugendlichen in ihren Familien bestmöglich zu unterstützen, sowie die Erziehungsfähigkeit der Eltern zu verbessern. Die Beratung erfolgt bei Erziehungsfragen, die nur eine einmalige Untersuchung oder Beratung erfordern; bei Verhaltensstörungen oder sonstigen psychischen Problemen, die mehrmalige Untersuchung oder einfache Betreuung möglich machen; und bei psychologischen Störungen oder sonstige Persönlichkeitsanomalien mit mehrmaliger Untersuchung und langandauernder Beratung (häufige Kontakte, die sich ggf. über einen längeren Zeitraum erstrecken). Ebenso gibt es therapeutische Aufgaben bei Jugendlichen z.B. Verhaltenstherapie, Werktherapie, Sprachheilbehandlung, Bewegungstherapie und andere Verfahren. Auch für Eltern gibt es therapeutische Aufgaben wie zum Beispiel analytische Psychotherapie und Gespräche mit Eltern über Erziehungsprobleme.[2]

2 Vgl. Peter-Christian Kunkel, Kinder- und Jugendhilfe, S. 42f

2.2 Erziehungsbeistand/Betreuungshelfer

Die Erziehugsbeistandschaft (§ 30 SGB VIII) wird von Fachkräften der öffentlichen oder der freien Jugendhilfe gestellt und gehört zu den klassischen ambulanten Hilfen zur Erziehung.[3] Das Ziel der Betreuungshelfer ist zu versuchen, mit dem Kind oder Jugendlichen zusammen in seinem gewohnten Umfeld, unterstützende Hilfe bei der Bewältigung von Entwicklungsproblemen zu geben. Sozialpädagogische Fachkräfte versuchen das soziale Umfeld soweit wie möglich in ihre Arbeit einzubeziehen und begleiten junge Menschen über einen längeren Zeitraum. Die Entscheidung über die Hilfeart muss aktiv mit den Sorgeberechtigen und dem betroffenen jungen Menschen im Zusammenwirken mit den bestimmten Fachkräften vom Jugendamt getroffen werden. Da es sich bei Erziehungsbeistandschaft und Betreuungshilfe um eine langfristig zu leistende Hilfe handelt, ist ein Hilfeplanverfahren durch das Jugendamt nach § 36 SGB VIII und § 36a SGB VIII notwendig.[4]

2.3 Jugendhilfeplanung

In der Praxis heißt das, dass ein Gespräch zwischen den Fachkräften des Jugendamtes und der betroffenen Familie statt findet. In diesem wird besprochen welche Unterstützung in welchem zeitlichen Rahmen benötigt wird. Das kann zum Beispiel Erziehungsbeistandschaft oder eine sozialpädagogische Familienhilfe sein.[5]
Der Hilfeplan muss Feststellungen über den Bedarf der Hilfeart sowie die notwendigen Leistungen enthalten. Voraussetzung für diese Angaben ist die Kenntnis der Situation, die den Anspruch auf Hilfe begründet. Dabei spielt neben den aktuellen Schwierigkeiten die gesamte Familiensituation und die Entwicklung des jungen Menschen sowie sein Schutzbedarf vor Gefährdung eine Rolle.[6]

3 Vgl. Peter-Christian Kunkel, Kinder- und Jugendhilfe, S. 45
4 Vgl. https://www.blja.bayern.de/hilfen/erziehung/beistand/index.php
5 Vgl. https://www.t-online.de/leben/familie/id_52547006/das-sind-die-aufgaben-des-jugendamtes.html
6 Vgl. Zentrum Bayern Familie und Soziales Bayerisches Landesjugendamt, Hilfeplan, S. 78

Das Gesetz (§§ 27, 36, 37 SGB VIII)7 sieht eine verbindliche Beteiligungsstruktur vor, bezüglich der Planung der Hilfe, deren konkrete Ausarbeitung, der praktischen Umsetzung und der geforderten regelmäßigen Kontrollen des Fortgangs auf weitere Eignung und Notwendigkeit, die sich auf die Personensorgeberechtigte und Kinder und Jugendliche und Fachkräfte der Einrichtungen oder Dienste in der Jugendhilfe bezieht. Der Hilfeplan enthält gewöhnlich fünf Elemente: Situation, Bedarf, Hilfeart, Leistungen und Zusammenarbeit. Wichtige Entscheidungen müssen nach den gesetzlichen Bestimmungen von mehreren Personen beraten und getroffen werden. Besonders die Frage, welche Hilfeart der Familie bzw. dem jungen Menschen angeboten werden soll, bedarf kollegialer Befassung. Auch für fortführende Überprüfungen des Verlaufs der Hilfe und ihre weitere Notwendigkeit bietet sich Teamarbeit an.8

Eine Hilfeplankonferenz ist immer dann notwendig, wenn: 1. Uneinigkeit zwischen Eltern und jungem Mensch, zwischen zuständiger Fachkraft und Leistungsberechtigten oder zwischen beteiligten Fachkräften oder Diensten besteht; 2. die Fallgestaltung besonders schwer ist, im Hinblick auf die richtige Hilfeart; 3. die notwendige und geeignete Hilfeart nicht vorhanden ist, also erst geschaffen werden muss; 4. Hilfen unplanmäßig geändert werden müssen bzw. zu scheitern drohen. Bei Hilfeplangesprächen ist die Teilnehmerstruktur und Teilnehmerzahl nach den Gegebenheiten des jeweiligen Einzelfalls zu gestalten. Vom Gesetzgeber werden nach Maßgabe der §§ 28 bis 35 SGB VIII mehrere Hilfearten unterschieden. Welche Art der Hilfe gewählt wird, wie auch deren Umfang, Dauer und Ausgestaltung, orientiert sich an dem erzieherischen Bedarf im Einzelfall. Das schriftliche Festhalten des Hilfeplans ist dann zwingend notwendig, wenn eine langfristige Hilfe zu leisten ist. Die Schriftlichkeit des Hilfeplans erhöht die Verbindlichkeit, Entscheidungen sowie Entwicklungen werden sozusagen auf den Punkt gebracht und Vereinbartes wird fixiert. Wenn der Hilfeplan nicht in Schriftform besteht, reicht es aus, wenn man die Hilfeplanung begründet und sie nachvollziehbar und überprüfbar ist.

---

7 Vgl. Jugendrecht, SGB VIII §§ 27, 36, 37
8 Vgl. Zentrum Bayern Familie und Soziales Bayerisches Landesjugendamt, Hilfeplam, S. 59; 75f; 86f

2.4 Sozialpädagogische Familienhilfe

Die Sozialpädagogische Familienhilfe (SPFH) nach § 31 SBG VIII ist eine der
intensivsten Formen ambulanter Hilfen, weil sie – meist über einen längeren Zeitraum –
in das Innere der Familie hineinreicht und häufig eine große Menge von Schwierigkeiten
der Eltern als auch der Kinder betrifft.9 Ihre vordringlichste Aufgabe ist, Eltern durch
eine enge Betreuung bei Erziehungsaufgaben Unterstützung zu geben, bei der
Bewältigung von Alltagsproblemen wie Haushaltshilfe oder Schuldenabbau zu helfen,
Lösen von Konflikten und Krisen sowie im Kontakt mit Ämtern und Institutionen zu
unterstützen und die Betroffenen zu einem selbstständigen Leben zu befähigen.10 In
der Regel ist die Hilfe auf längere Dauer, d.h. mindestens für ein halbes Jahr und
maximal für drei Jahre angelegt. Nach dem zugrunde gelegten Prinzip der Hilfe zur
Selbsthilfe ist die Mitarbeit aller Familienmitglieder dringlichst erforderlich, denn die
SPFH orientiert sich am gesamten Familiensystem und dessen sozialen und materiellen
Schwierigkeiten und Ressourcen.11 Grundsätzlich ist das Ziel dieser Hilfeart die
Wiederherstellung, Sicherung und Stabilisierung der familiären Erziehungskraft.12 Das
bedeutet, die Familie wird in den verschiedenen Bereichen des Alltagslebens gefördert.
Auf diese Weise soll die Herausnahme der Kinder aus der Familie und somit eine
Fremdunterbringung vermieden werden. Ebenso ist diese Art von Hilfe für eine
Rückführung und Wiedereingliederung von Kindern oder Jugendlichen nach einer
sogenannten Fremdplatzierung angebracht. Ziele, an welchen sich sozialpädagogische
Familienhelfer und Familienhelferinnen orientieren, sind z.B.: Stärkung und
Wiederherstellung der Erziehungsfähigkeit, Unterstützung bei der Alltagsbewältigung,
Stärkung der Konfliktfähigkeit, Verbesserung der Beziehung untereinander, Auflösung
von Isolation, Entwicklung von Lebensperspektiven und Kooperation mit
Fachberatungsstellen.

9,12 Vgl. https://www.blja.bayern.de/hilfen/erziehung/familienhilfe/index.php
10 Vgl. Peter-Christian Kunkel, Kinder- und Jugendhilfe, S.45ff
11 Vgl. Zentrum Bayern Familie und Soziales Bayerisches Landesjugendamt, S.32f

Als Grundlage für die Ausgestaltung dieser Hilfeart wird von den Fachkräften zusammen mit den Eltern und dem Kind oder Jugendlichen ein Hilfeplan erstellt, dieser enthält Feststellungen über die notwendige Leistungen und erlaubt die regelmäßige gemeinsame Überprüfung des Verlaufs der Hilfe im Hinblick auf die vereinbarten Ziele. Für die Entscheidung über die Hilfeart ist das örtliche Jugendamt zuständig. Die sozialpädagogische Familienhilfe wird vom Jugendamt finanziert und bleibt für die Familien kostenlos.

2.5 Inobhutnahme

Die Meldungen der Kindswohlgefährdung häufen sich immer wieder. Das ist auf der einen Seite positiv, weil es zeigt, dass die Menschen sensibilisiert sind und dies bei der Polizei und dem Jugendamt melden. Auf der anderen Seite wird erkennbar, dass immer mehr Familien mit der Erziehung ihrer Kinder überfordert sind und die Hilfe des Jugendamtes benötigen.[13]

Das Jugendamt bietet, wie oben beschrieben, nicht nur freiwillige Leistungen an, sondern ist darüber hinaus auch Kontrollinstanz und Wächteramt. Im Ernstfall geht es immer und ausdrücklich um das Wohl des Kindes. Sobald das Kindswohl akut und dauerhaft gefährdet ist, muss das Jugendamt sofort aktiv werden und manchmal auch gegen den Willen und gegen die Interessen der Eltern handeln (§ 42 SGB VIII). Dabei müssen die Mitarbeiterinnen und die Mitarbeiter des Jugendamtes allen Hinweisen nachgehen, wenn ein Kind oder ein Jugendlicher in Gefahr sein sollte. Dazu arbeiten die Jugendämter eng mit anderen Institutionen zusammen, z.B. mit Kindertagesstätten, Schulen, Ärzten, Polizei und Therapeuten. Dabei ist das Ziel, sich ein umfassendes Bild über die vorherrschende Situation machen zu können und allen Hinweisen nachzugehen. Wenn das Wohl der Kinder durch andere Hilfemaßnahmen des Jugendamtes nicht ausreichend geschützt werden kann, zum Beispiel wenn Eltern nicht dazu bereit sind oder nicht in der Lage sind mit dem Jugendamt zu kooperieren, müssen betroffene Kinder im äußersten Fall in Obhut genommen werden, bis die Eltern wieder bereit oder in der Lage sind Hilfe anzunehemen. Folglich heißt es, dass das Jugendamt betroffene Kinder aus der Familie heraus nimmt und in Pflegefamilien oder Heimen unterbringt.[14]

Bei der Inobhutnahme eines Kindes oder eines Jugedlichen aus der Familien muss zuerst ein zeitlicher Rahmen abgeklärt werden. Dabei sollte eine vorübergehende Unterbringung und nicht eine dauerhafte Trennung angestrebt werden. Diese Unterbringung kann bei Verwandten, Freunden, Krankenhäusern, Bereitschaftspflege- oder Pflegefamilien, in einem Heim oder einer sonstigen Wohnform erfolgen. Die vorübergehende Fremdunterbringung des Kindes oder Jugendlichen sollte nach Möglichkeit mit Zustimmung der Eltern erfolgen, denn eine Inobhutnahme gegen den Willen der Eltern bedarf einer familiengerichtlichen Entscheidung. Endziel dieser sozialpädagogischen Schutzmaßnahme soll eine dauerhafte, dem Wohl des Kindes entsprechende Lösung sein.[15]

Das Herausnehmen von Kindern oder Jugendlichen aus ihren Familien ist ein Thema, welches in der Öffentlichkeit oft kritisiert wird. Pressemitteilungen diskutieren über Vorgehensweisen und stellen Entscheidungen des Jugendamtes in Frage. Deswegen ist es essenziell zu wissen, dass Fachkräfte der Jugendämter bei ihrem Handeln immer das Wohl und den gesetzlich verankerten Schutz der betroffenen Kinder im Blick haben. Außerdem entscheiden Jugendamtsmitarbeiter im Einzelfall der Gefährdungseinschätzung nie alleine oder willkürlich. In ihrer Vorgehensweise müssen sie sich an die Entscheidungen der zuständigen Familiengerichte und an die gesetzlichen Vorgaben und Richtlinien halten. Die Fachkräfte der Jugendämter sind im Rahmen der Gefährdungseinschätzung extra geschult und unterliegen der Schweigepflicht. Sie nehmen jede Meldung detailgetreu auf und überprüfen, dokumentieren und bearbeiten diese unter Berücksichtigung des Kindesschutzes weiter. Im akuten Gefährdungsfall wird das Jugendamt sofort aktiv und nimmt Kontakt mit den betroffenen Familien, Kindern oder Jugendlichen auf. Diese Kontaktaufnahme kann auch über Betreuungseinrichtungen oder Schulen erfolgen.[16]

---

13 Vgl. https://www.landkreis-wuerzburg.de/Auf-einen-Klick/Pressebereich/Kooperation-zwischen-Polizei-und-Jugendamt-Gemeinsam-zum-Wohl-der-Kinder-und-Familien.php?
object=tx,2680.5.1&ModID=7&FID=2680.14400.1&NavID=2680.127&La=1
14,16 Vgl. https://www.familienhandbuch.de/unterstuetzungsangebote/beratung/DasJugendamt.php
15 Vgl. Zentrum Bayern Familie und Soziales Bayerisches Landesjugendamt, Schützen- Helfen - Begleiten, S. 62

3. Praxisfall A.

A. ist meine Schwester und besuchte mit 13 Jahren die 7. Klasse der L. Mittelschule. Unsere Eltern kommen aus Russland und wohnen seit ca. 20 Jahren hier in Deutschland, also hält sich ihre deutsche Sprachkenntnis in Grenzen. Ihr Erziehungsverhalten verläuft eher konservativ, d.h. die Kinder sollten immer ihre Hausaufgaben erledigen, rechtzeitig zuhause sein, pünktlich zu Bett gehen, kein Unfug anstellen und respektvoll mit allen umgehen. A. passte sich jedoch den gewünschten Verhaltensweisen der Eltern nicht an. Sie widersprach den Eltern, zeigte den Mittelfinger, ignorierte Strafen (z.B. Hausarrest), sie räumte ihr Zimmer nicht auf, rauchte Zigaretten und schlich sich nachts raus, um mit ihren Freunden Alkohol zu trinken. In der Schule waren die meisten Leistungen mit der Note mangelhaft benotet, sie beteiligte sich nicht aktiv am Unterricht und ging zur Schulsozialpsychologin, um ihr von ihren Problemen zu erzählen und zu signalisieren, dass es ihr schlecht ging. Sie hatte angefangen sich selbst zu verletzen (ritzen) und bekam immer ein schlechteres Selbstwertgefühl, weil sie angeblich zuhause von keinem verstanden wurde. A. sagte oft zu allem: „Ich hasse es" oder „Ich hasse mich". Der enge Kontakt zwischen A. und den einzelnen Familienmitgliedern brach immer mehr auseinander, bis sie keinen mehr sehen wollte und immer mit „lass mich in Ruhe", antwortete. Zuhause wird A.s schlechtes Verhalten negativ bewertet, wobei sich A. immer mehr und mehr gegen die Eltern stellte. Auch die Polizei fand A. alkoholisiert nachts draußen auf der Straße auf und bat den Vater sie abzuholen.

Die Eltern waren über so ein schlechtes Verhalten entsetzt. Sie bekamen den Rat von der Schule sich in Verbindung mit dem Jugendamt zu setzen. Dort angekommen schilderten die Eltern die gesamte Situation und hofften auf Hilfe. Dazu wurde ein Vertrag für Hilfe zur Erziehung erstellt und unterschrieben. Kurze Zeit später lernten sie Herr M. kennen, er kam von der Erziehungsbeistandschaft. Hr. M. war die aktuelle Situation der Familie bekannt, er versuchte den Grund rauszufinden, warum sich A. so benimmt und wollte A. helfen in der Schule besser zu werden. Er beschäftigte sich ca. ein halbes Jahr mit A. Er ist mit ihr Eis essen gegangen, besuchte seine Bekannten, fuhr mit ihr zu Ärzten und Therapeuten und machte mit ihr andere Freizeitaktivitäten. Das Ziel dabei war, dass A. sich öffnete und erzählen konnte, wie und warum es ihr so schlecht ging. Hier wurde ein Hilfeplan erstellt, der ein paar Ziele in der Erziehung mit A. festhalten sollte. Darin stand beispielsweise, dass A. einen geeigneten Schreibtisch im Zimmer benötigte und eine Arbeitsstruktur brauchte, damit sie ihre Hausaufgaben erledigen kann. A. zeigte jedoch kein Interesse mit Hr. M. zusammen zu arbeiten. Als sie Heim gekommen ist, sagte sie oft: „Ich hasse Herrn M.". A.s Verhalten besserte sich nicht, sie ritzte sich weiterhin und sagte: „Ich hasse mein Leben". A. machte nach außen einen traurigen Eindruck, als hätte sie keine Lebensenergie mehr. Die ambulante Therapie, die Hr. M. mit uns und A. durchführte hatte keinen Nutzen mehr, denn das Vertrauen zwischen den Eltern und Hr. M. wurde immer weniger.

Im Mai 2015 hatte unsere Mutter Geburtstag und feierte in einer Halle. A. hat sich an diesem Tag abends mit ihrer Freundin getoffen und Alkohol konsumiert, anstatt mit der Familie zu feiern. Es kam zu einer Auseinandersetzung zwischen Vater und A., als er versucht hat sie nach Hause zu bringen. Er schlug ihr reflexartig mit der Hand in das Gesicht, als sie ihn gebissen hat. Am nächsten Tag hatte A. einen blauen Fleck unter dem Auge. Dies bekam sowohl die Schule, als auch Hr. M. mit, der es weiter an das Jugendamt gegeben hat.

Im Juni 2015 wurde A. zusammen von Hr. M. und der Polizei von ihrer Schule abgeholt und in Obhut des Jugendamtes genommen. Die Inobhutnahme war dadurch begründet, dass das Wohl des Kindes zuhause gefährdet war. A. könne sich in ihrem aktuellen Zustand nicht positiv weiterentwickeln und die Hilfeart des Erziehungsbeistandes war nicht ausreichend. Die Elten wollten sofort herausfinden wo A. sich befand und warum sie weg war. Sie sprachen mit Frau P., der Bezirkssozialarbeiterin des Jugendamtes, die für A.s Fall zuständig war. Den Eltern wurde erklärt, dass A.s Fremdunterbringung das Einverständnis der Eltern erforderte. A. solle in Sicherheit sein. Sie wurde betreut, aber das Jugendamt durfte nicht sagen, wo und wie lange sie sich dort befinden wird. Weil die Eltern emotional aufgewühlt waren, reagierten sie mit: „Das Kind ist ja kein Spielzeug, man kann es nicht einfach wegnehmen". Somit unterzeichneten sie die Fremdunterbringung nicht. Die Eltern wussten wenig über das deutsche Gesetz und die Regelungen des Jugendamtes,also suchten sie nach Hilfe. Sie verstanden offensichtlich nicht warum A. nicht mehr zuhause ist. Das Vertrauen in der Kooperation mit dem Jugendamt nahm drastisch ab. Die Eltern waren sogar bei der Polizei und wollten eine Anzeige machen, weil das Jugendamt ihnen das Kind geklaut habe. Jedoch handelt das

Jugendamt nach eigenen Gesetzen und Regeln, die ihre Entscheidungen begründen, also konnte die Polizei in dem Fall nichts tun.

Bei einem zweiten Gespräch mit dem Jugendamt waren die Eltern mit der Fremdunterbringung einverstanden, wei die Fachkräfte mehr über die Inobhutnahme aufgeklärt haben. Den Eltern wurde erklärt wie und warum sich das Jugendamt für diese Schutzmaßnahme entschieden hatte. Den Eltern wurde gesagt, wenn sie mit der Fremdplatzierung nicht einverstanden sind, dann müsste ein Familienrichter über das elterliche Sorgerecht entscheiden. Die Eltern haben sich erschrocken und wollten das elterliche Sorgerecht keineswegs verlieren.

A. wurde in das Sankt Hildegard Kinder- und Jugendwohnheim M. untergebracht. Dort verbrachte sie insgesamt ein Jahr. Anfangs durfte jedoch kein Kontakt zwischen Kind und Eltern stattfinden, damit sich das Kind langsam an die räumliche Trennung gewöhnen konnte. A. durfte mit uns über Briefe kommunizieren. Die Briefe und Päckchen, meistens mit Kleidung, Pflegeartikel und Süßigkeiten, wurden über das Jugendamt an A.übergeben. Drei Monate lang hat es gedauert bis wir mit A. ca. zweimal in der Woche telefonieren durften. Erst Ende Oktober 2015 durften wir A. zum ersten Mal im Jugendheim besuchen. In der Weihnachtszeit fuhr A. sogar nach Hause und durfte zu Hause übernachten. A. besuchte in M. die

8. Klasse der Mittelschule, ihre Noten sind ein bisschen besser geworden. Auch für die Heimerziehung wurde mit den Fachkräften ein weiterer Hilfeplan erstellt. In diesem standen vereinbarte Ziele wie diagnostische Abklärung von A., adäquate Beschulung von A., Integration von A. in der Einrichtung, Aufbau von verlässlichen Sozialbeziehungen, Umgangsanbahnung unter Berücksichtigung der psychischen Verfassung von A.und eine umfassende Gesundheitsfürsorge besonders im Hinblick auf eine Empfängnisverhütung. Für A. wurde als Verhütungsmittel die Drei-Monats-Spritze in Erwägung gezogen. Da die Gesundheitsfürsorge ein Teil des elterlichen Sorgerechts ist, mussten die Eltern damit einverstanden sein. A. gewöhnte sich im Jugendheim ein und ihr Verhalten besserte sich langsam. Sie stellte die Selbstverletzung auf ihren Unterarmen ein, sie sagte keine beleidigende Ausdrücke mehr, sie befolgte die Regeln im Heim, kochte regelmäßig, machte die Wäsche, sie hatte immer mehr gute Laune und war freundlich zu den anderen Kindern im Wohnheim. Nach den Telefongesprächen mit uns fühlte sie sich glücklich und freute sich über jeden Kontakt mit der Familie. Das Jugendamt verfolgte diese

Verhaltensänderungen von A. und entschied sie wieder zurück in die Famlie zu führen. Auf freiwilliger Basis von den Eltern wurden wir bei diesem Schritt von Frau L, einer Sozialarbeiterin, über ein Jahr lang begleitet. Fr. L. war von der sozialpädagogischen Familienhilfe und unterstützte uns bei der Alltagsbewältigung, sie verbesserte die Beziehung in der Familie untereinander und entwickelte vor allem bei A. neue Lebensperspektiven. Ihre Hilfe basierte ausschließlich auf Gesprächen mit allen Familienmitgliedern. Oft wurde darüber geredet, wie es einem geht, wie es zuhause läuft und welche Neuigkeiten es gibt. Die Eltern und A. nahmen die Termine (ca. einmal die Woche) mit Fr. L. immer wahr. Bei dem Kontakt mit der sozialpädagogischen Familienhilfe wurde ein Hilfeplan erstellt. Es wurde z.B. vereinbart, dass A. wieder gut in der Familie nach der Fremdunterbringung ankommt und ohne weitere Probleme wohnt. Dazu wurde angestrebt, dass sie die 9. Klasse erfolgreich mit einem qualifiziertem Abschluss beendet und idealerweise eine Ausbildungsstelle findet. A. sollte sich auch den Regeln zuhause anpassen und nicht mehr so spät nachhause kommen. Zusammen mit der Arbeit von Fr. L. verlief das Jahr ziemlich reibunglos, jedoch mit angebrachten Höhen und Tiefen im Familienleben. Im Juni 2018 wurde der Vertrag mit der sozialpädagogischen Familienhilfe beendet, da unsere Familie keine weitere Hilfe mehr benötigte. A. hat erfolgreich ihren Schulabschluss geschafft und hat sorgenfrei eine Ausbildungsstelle als Floristin in G. gefunden. Unsere Eltern waren erleichtert, weil der lange schwere Weg nun ein sogenanntes Happy End hatte.

4. Emotionale Seite und Fazit

Als meine Eltern merkten, dass A. zu einem Problemkind neigt, machten sie sich Sorgen. Sie sahen, dass sie keine Kontrolle mehr über A.s Verhalten ausüben konnten. Sie hatten Angst, dass A. den falschen Weg im Leben einschlägt und im späteren Leben mehr Probleme bekommt (z.B. Suchtprobleme mit Alkohol und anderen Drogen). Meine Eltern erkannten, dass es für sie keinen Ausweg mehr gab und sie sich externe Hilfe suchen mussten. Als sie im Jugendamt unsere damalige familiäre Situation geschildert haben, fühlten sie sich erleichtert, weil sie Hoffnung gefunden haben. In der Zusammenarbeit mit Hr. M. machte er anfangs einen guten ersten Eindruck, jedoch nahm das Vertrauen später ab. Meine Eltern vertrauten ihm nicht mehr so viel, weil er A. zu der Obhutnahme gebracht hat. Meine Eltern meinten, die Inobhutnahme war die schlimmste und schwerste Phase des Familienlebens. Als meine Eltern realisierten, dass A. nicht mehr zuhause wohnen wird, waren sie sehr traurig. Die Zeit war von schlaflosen Nächten, Aufgewühltheit, Aufregung, Tränen, Ungewissheit und Stress geprägt. Die schlechte Aufklärung des Jugendamtes über ihre Handlungen und Entscheidungen wirkten ebenfalls negativ auf unsere Familie. Meine Eltern wussten eine Zeit lang nicht ob sie mit oder gegen das Jugendamt arbeiten. Das Jugendamt nahm wenig Rücksicht darauf, dass meine Eltern die deutsche Sprache nicht beherrschten, deswegen entstanden viele Missverständnisse. Als wir mit A. per Post oder Telefon in Kontakt treten durften, haben sich meine Eltern und ich sehr darüber gefreut. Meine Eltern waren überglücklich endlich mal wieder ihre Stimme hören zu können. Als wir sie in M. besuchen durften, backte sie uns einen Kuchen, weil Papa Geburtstag hatte. Wir erkannten, dass A. sich zum Positiven änderte. Meine Eltern waren froh, dass sie sich nicht mehr selbst verletzte und es im Haus nun freundlicher geworden ist. Nach der Inobhutnahme verlief alles ganz normal, denn es gab keine verletzenden Ausdrücke mehr und A. wurde besser in der Schule.

Während der Zusammenarbeit mit Frau L. verlief ebenso alles gut. Jede Familie hat mal ein wenig Streit, so wie wir ihn haben und jede Familie hat glückliche Momente, so wie wir sie haben. Meine Eltern sind der Meinung, dass Fr. L. unsere Familie positiv beeinflusst hat. Meine Schwester hat nun ein viel besseres Selbstwertgefühl und meine Eltern sind stolz darauf.

Unsere Eltern versuchen uns weiterhin zu unterstützen und zu motivieren und dabei ihr Bestes zu geben. Aus den Erfahrungen, die unsere ganze Familie gemacht hat, kann jeder lernen.[16]

---

16 Vgl. Erhardt, Marie-Katharina: Interview mit A.s Mutter vom 03.09.2018, eigene Produktion, 2018

5. Literaturverzeichnis

1) Bruno W. Nikles, Sigmar Roll, Klaus Umbach
    Kinder- und Jugenschutz, Eine Einführung in Ziele, Aufgaben und Regelungen,
    Berlin 2013,
    ISBN: 978-3-8474-0054-7

2) Erhardt, Marie-Katharina: Interwievs vom 25.07.2018 mit Susanne
    Czudnochowski (Dipl. Sozialpädagogin) und vom 03.09.2018 mit A.s Mutter,
    eigene Produktion, 2018

3) Jugendrecht
    SGB VIII: Kinder- und Jugendhilfe, 31. Auflage, München 2010,
    ISBN: 978-3-423-05008-1

4) Peter Christian Kunkel
    Kinder- und Jugendhilfe, 1. Auflage, München 2007,
    ISBN: 978-3-423-58126-4

5) Sigrun von Hassel
    Jugendrechtsberater, 2. Auflage, München 2006,
    ISBN: 3-423-58099-2

6) Zentrum Bayern Familien und Soziales (ZBFS)
    Fachliche Empfehlung zur Heimerziehung gemäß § 34 SGB VIII, Fortschreibung,
    München 2014,
    ISBN: 3-935960-27-1

7) Zentrum Bayern Familien und Soziales (ZBFS)
    Hilfeplan, 6. Auflage, München 2008,
    ISBN: 3-935960-17-4

8) Zentrum Bayern Familien und Soziales (ZBFS)
    Schützen – Helfen – Begleiten, Handreichung zur Wahrnehmung des
    Schutzauftrags der Jugendhilfe bei Kindswohlgefährung, München 2010,
    ISBN: 3-93560-05-0

9) Christina Zehetner
    Das Jugendamt heute – zwischen Wächteramt und Kontrollinstanzen
    [abgerufen am 04.09.2018]
    www.familienhandbuch.de
    https://www.familienhandbuch.de/unterstuetzungsangebote/beratung/DasJugendamt.php

10) DAS JUGENTAMT. Hilfe die ankommt. Hilfen zur Erziehung
    [abgerufen am 03.09.2018]
    https://www.unterstuetzung-die-ankommt.de/de/leistungen/wie-unterstuetzt-das-
    jugendamt/hilfen-zur-erziehung/

11) Erziehungsbeistand, Betreuungshelfer
    [abgerufen am 03.09.2018]
    www.blja.bayern.de
    https://www.blja.bayern.de/hilfen/erziehung/beistand/index.php

12) Kooperation zwischen Polizei und Jugendamt – Gemeinsam zum Wohl der
    Kinder und Familien
    [abgerufan am 03.09.2018]
    www.landkreis-wuerzburg.de
    https://www.landkreis-wuerzburg.de/Auf-einen-Klick/Pressebereich/Kooperation-
    zwischen-Polizei-und-Jugendamt-Gemeinsam-zum-Wohl-der-Kinder-und-
    Familien.php?
    object=tx,2680.5.1&ModID=7&FID=2680.14400.1&NavID=2680.127&La=1

13)   Nicola Wibrand-Donzelli

Zum Wohl der Kinder, Das sind die Aufgaben des Jugendamtes

[abgerufen am 02.09.2018]

t-online.de

https://www.t-online.de/leben/familie/id_52547006/das-sind-die-aufgaben-des-jugendamtes.html

14)   Sozialpädagogische Familienhilfe

[abgerufen am 04.09.2018]

www.blja.bayern.de

https://www.blja.bayern.de/hilfen/erziehung/familienhilfe/index.php